まちごとチャイナ

Macau 003 A-matemple
媽閣廟とマカオ半島南部
マカオと植民都市の「はじまり」

Asia City Guide Production

【白地図】マカオ

CHINA
マカオ

【白地図】マカオ半島南部

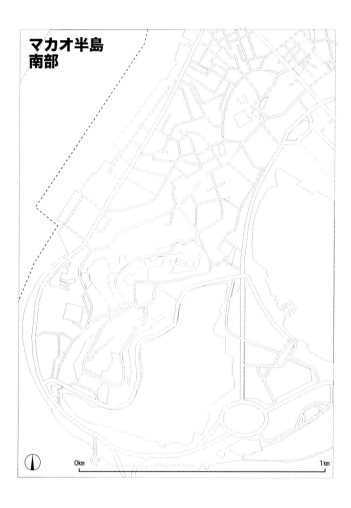

【白地図】媽閣廟

CHINA
マカオ

A-matemple　白地図

【白地図】ペンニャの丘西望洋山

CHINA
マカオ

【白地図】聖オーガスティン広場崗頂前地

CHINA
マカオ

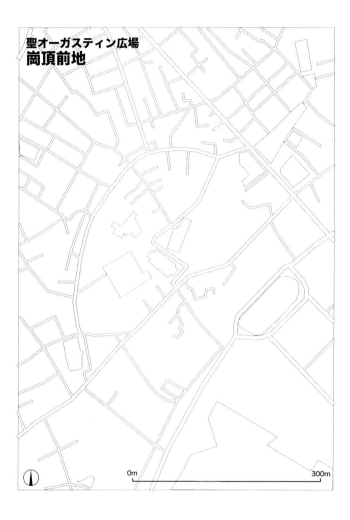

【白地図】聖オーガスティン広場崗頂前地拡大

CHINA
マカオ

【白地図】福隆新街

CHINA
マカオ

福隆新街

A-matemple 白地図

【白地図】マカオと珠海

CHINA
マカオ

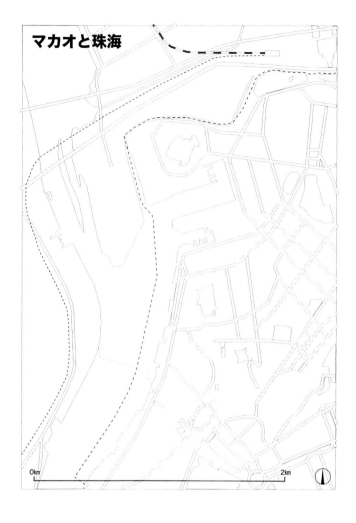

【まちごとチャイナ】
マカオ 001 はじめてのマカオ
マカオ 002 セナド広場とマカオ中心部
マカオ 003 媽閣廟とマカオ半島南部
マカオ 004 東望洋山とマカオ半島北部
マカオ 005 新口岸とタイパ・コロアン

CHINA
マカオ

　マカオ半島の南端に立つ媽閣廟は、この街のはじまりに深い関係がある場所として知られる。古く、福建省を出たジャンク船がマカオ沖で遭難したが、そのとき「海の守り神」媽祖が現れ、船はマカオ半島南端のこの場所にたどり着いた。船乗りは媽閣廟を建立して媽祖をまつり、あたりの漁民の信仰を集めるようになったという。

　時代がくだった1513年ごろ、ポルトガルが中国東南海岸部に姿をあらわすようになったが、当時の明朝では海禁策がとられ、外国人の上陸は認められていなかった。そうしたなか

マカオと植民都市の「はじまり」 媽閣廟マァコッミュウ
A-Ma Temple

の1557年、海賊討伐の功をあげたポルトガルは「海水で濡れた積み荷を渇かすため」という理由で、マカオへの上陸を許された(地元の官吏に賄賂を送った)。

マカオ半島南端に上陸したポルトガル人が「ここはなんというところか?」と現地の人に尋ねたところ、(媽閣廟を指して)「マーコウ(媽閣廟)」という答えがあり、マカオという名前が定着することになった。以来、ポルトガルは居住のために賃料を納め、キリスト教会が建てられるなど、植民都市マカオの第一歩がはじまった。

【まちごとチャイナ】

マカオ 003 媽閣廟とマカオ半島南部

目次

媽閣廟とマカオ半島南部	xviii
珠江口にたたずむ漁村	xxiv
媽閣廟鑑賞案内	xxxiii
西望洋山城市案内	xliii
崗頂前地城市案内	liii
福隆新街城市案内	lxxi
胡椒とキリスト教徒求め	lxxxvi

【MEMO】

【地図】マカオ

A-matemple

媽閣廟とマカオ半島南部

珠江口に
たたずむ
漁村

CHINA
マカオ

珠江デルタ河口部西に位置するマカオ
ポルトガルが到来する以前は
さびれた漁村とともにのどかな景色が広がっていた

古代

中国文明が育まれた黄河中流域からは、マカオの地ははるか南方の地にあたり、この地域が中国の領域に組み込まれたのは秦の遠征による紀元前214年のことだとされる（始皇帝の時代）。当時、マカオの地には、珠江の運ぶ土砂によって形成されたマカオ半島と、その先の洋上に浮かぶふたつのタイパ（島）とコロアン（島）といった島々がたたずんでいた。新石器時代の人類の痕跡も確認されていて、早くから人類の営みがあったことが知られるが、長いあいだ、珠江口で漁を行ない、漁業を中心に生計をたてる人々の姿があった。

A-matemple

珠江口にたたずむ漁村

唐代（7〜10世紀）

唐の時代に入ると、海上交易が盛んになり、マカオから珠江をさかのぼった広州は一大交易拠点としてアラビア商人やペルシャ商人が居住するようになっていた。当時、マカオは広州に向かう船の補給地になっていたと考えられ、珠江をはさんでちょうど対岸にあたる香港の屯門も同様の役割を果たしていた。南海交易の拠点としての広州の繁栄は宋、元、明代も続いたことが、のちにポルトガルの植民都市マカオ誕生の要因となった（ポルトガルは広州近くの拠点を求め、イギリスもまた広州に近い香港を求めた）。

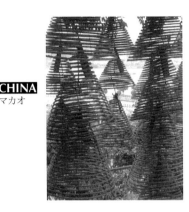 

▲左 いくつものらせん状線香がぶらさがっていた、媽閣廟にて。 ▲右 マカオでは坂道が続く

宋代（10〜13世紀）

宋代、マカオに漢族の集落ができ、人が定住するようになったと伝えられる（宋代は北方民族の侵入で、黄河中流域を原籍地にもつ人々が多く南下した時代でもあった）。マカオ近郊の海は、漁業にたずさわる人にとっては格好の場所で、タイパやコロアンには漁村がたたずんでいた。また1276年、モンゴルに追われた南宋の幼帝がわずかの家臣とともに都の杭州を落ちのび、福建省、広東省へと逃れ、1279年、マカオ近くの厓山で最後の戦いをしたあと、南宋が滅亡したという歴史もある。

【MEMO】

マカオ

明代(14〜17世紀)

明代、中国沿岸部一帯では倭寇と呼ばれる海賊が跳梁し、マカオ島嶼部や香港にもその拠点がおかれていた。明朝は海禁策をとって海上交易を制限したことから、福建省や広東省では密貿易がさかんに行なわれるようになった。1513年、インド洋を越えて中国にたどり着いたポルトガルも、当初は倭寇と同じ扱いを受け、1557年、ようやくポルトガルはマカオへの居住を許可された。明代、マカオは濠鏡澳と呼ばれていたが、マカオ半島の南に浮かぶ島(今は埋め立てられてひとつになっている)がちょうど門のように見えることから、

A-matemple

珠江口にたたずむ漁村

▲左　西望洋山（ペンニャの丘）からマカオ・タワーが見える。　▲右　騎楼と呼ばれる華南の建築様式、雨風を防ぐことができる

清代になってこの澳門という名前が定着した。

【地図】マカオ半島南部

【地図】マカオ半島南部の [★★★]
- [ ] 媽閣廟 A-Ma Temple 媽閣廟 [世界遺産]
- [ ] 福隆新街 Rua de Felicidade 福隆新街

【地図】マカオ半島南部の [★★☆]
- [ ] 西望洋聖堂 Penha Church ペンニャ教会
- [ ] 崗頂前地 St.Augustine's Square
  聖オーガスティン広場 [世界遺産]

【地図】マカオ半島南部の [★☆☆]
- [ ] 亞婆井前地 Lilau Square リラウ広場 [世界遺産]
- [ ] 下環 Praia do Manduco 下環
- [ ] 聖奥斯定教堂 St. Augustine's Church
  聖オーガスティン教会 [世界遺産]
- [ ] 聖老楞佐教堂 St. Lawrence's church
  聖ローレンス教会 [世界遺産]
- [ ] 奧維士塑像 Jorge Alvares Monument
  ジョルジェ・アルバレス記念碑

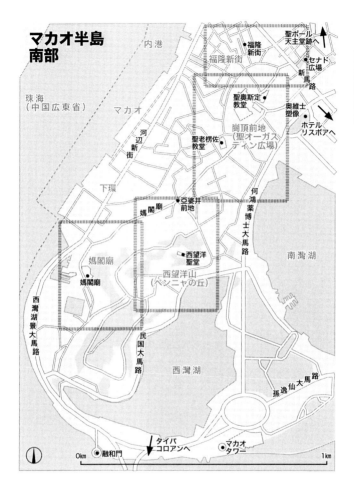

【MEMO】

CHINA
マカオ

Guide,
A-Ma Temple
媽閣廟
鑑賞案内

マカオ半島南端に立つ媽閣廟
ここには「海の守り神」媽祖がまつられ
地元の人々の信仰を集めている

媽閣廟前地マァコッミュウチンデイ
Barra Square バラ広場 ［世界遺産］［★☆☆］

媽閣廟の前方に広がる媽閣廟前地。かつて媽閣廟近くまで海がせまっていたが、埋め立てることでこの広場がつくられた。16世紀にポルトガル人が入植をはじめたころ、近くにバラ要塞と呼ばれる要塞があったことからバラ広場とも呼ばれている。

【地図】媽閣廟

【地図】媽閣廟の [★★★]
- [ ] 媽閣廟 A-Ma Temple 媽閣廟 [世界遺産]

【地図】媽閣廟の [★★☆]
- [ ] 西望洋聖堂 Penha Church ペンニャ教会

【地図】媽閣廟の [★☆☆]
- [ ] 媽閣廟前地 Barra Square バラ広場 [世界遺産]
- [ ] 海事博物館 Maritime Museum 海事博物館
- [ ] 港務局大樓 Moorish Barracks 港務局事務所 [世界遺産]
- [ ] 亞婆井前地 Lilau Square リラウ広場 [世界遺産]
- [ ] 鄭家大屋上 Mandarin's House 鄭邸 [世界遺産]

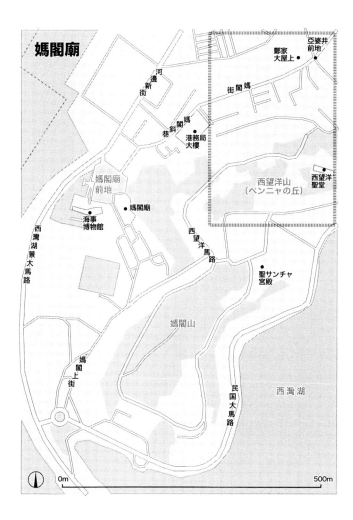

媽閣廟鑑賞案内

マカオ

媽閣廟マァコッミュウ
A-Ma Temple 媽閣廟 ［世界遺産］［★★★］

マカオ半島の南西端、海へ向かうようにして立つ媽閣廟。この媽閣廟はマカオのはじまりに関係する由緒ある道教寺院で、「海の守り神」媽祖がまつられている。16世紀、最初にこの地に上陸したポルトガル人が「ここはなんというところか？」と原住民に尋ねたところ、「（この媽閣廟を指して）マーコウ」という答えがあった。そのことからポルトガル人は、この一帯をマカオと呼ぶようになったという。こうした歴史をもつ媽閣廟は、ポルトガル到来以前の明代の1488年に創

▲左　西欧建築で名高いマカオにあって堂々とした中国式建築。　▲右　このあたりからマカオの歩みははじまった、媽閣廟前地

建され、マカオでもっとも古い寺院にあげられる。その後、1605年に正殿が建てられ、正覚禅林殿、弘仁殿、観音閣などが加わって、19世紀に現在の姿となった。

海の守り神、媽祖

媽祖は宋代の960年に林氏の娘として福建省湄洲島に生まれた巫女が神格化されたもので、生前、伝染病の治療や海難救助の功があり、やがて死後に霊験を示して島民の信仰を集めるようになった。当初は地元の郷土神に過ぎなかったが、宋から元へと時代がくだり、海の交易が拡大していくなかで、

CHINA
マカオ

各王朝から冊封され、その地位をあげていった(やがて「天の后」である天后にまでのぼりつめた)。とくに海に面した福建省、広東省を中心に信仰され、華僑の拡大とともに、香港、台湾、東南アジアから日本、アメリカまで媽祖廟は世界中で建てられている。マカオの媽閣廟では、媽祖の生誕日と昇天日に行なわれる祭り(それぞれ旧暦の3月と9月)が知られる。

A-matemple

媽閣廟鑑賞案内

▲左　媽祖の霊験でこの地に導かれた船。　▲右　媽閣廟では線香の匂いがたちこめる

マカオに導かれた船乗り

マカオの位置する珠江河口部の沖合いは、古くから天然の漁場として知られ、マカオ半島南端部、タイパやコロアンにはポルトガル人の来訪以前から漁民が暮らしていた。あるとき福建省から広東省へ向かうジャンク船が遭難したが、媽祖の霊験でマカオ半島に導かれ、無事にたどり着いたその場所が媽閣廟の地なのだという（境内には、無事にたどり着いたジャンク船の画が見られる）。こうして海にのぞむマカオの漁師や船乗りは、媽祖を心の拠りどころとし、福建省出身の漁民によってマカオの媽閣廟が建てられたと伝えられている。

道教と仏教の混淆

媽閣廟の正殿に道教の神である媽祖がまつられているほか、観音閣では海を守護する仏教の観音もまつられている。中国の寺院では、道教、仏教、儒教の神々がひとつの寺院に安置されることも多く、混淆した中国人の信仰心を示しているのだという（中国で広く崇拝されている関羽は、道教からも儒教の立場からも信仰されている）。

A-matemple

媽閣廟鑑賞案内

海事博物館ホイシボッマッグン
Maritime Museum 海事博物館 ［★☆☆］

媽閣廟のそばに立つ海事博物館。ここでは大航海時代におけるポルトガルの海外進出に関するもの、海上交易に使われた中国のジャンク船の模型などが展示されている。また長崎を通じて行なわれた日本とマカオの交易に関する資料も見られる。

Guide, Penha Hill
西望洋山城市案内

マカオ半島南西にそびえる西望洋山
ここからはマカオ・タワーはじめ
半島の南に浮かぶタイパも視界に入る

港務局大樓ゴンモウゴッダイラウ
Moorish Barracks 港務局事務所 [世界遺産] [★☆☆]

マカオのコロニアル建築のなかでも一風変わったたたずまいを見せる港務局大樓。この建物は、1874年、警察官や傭兵など治安維持のためにマカオに連れてこられたイスラム教徒ムーア人の宿舎として建てられた。そのような事情からイスラム建築でもちいられるアーチが使われるなどの特徴をもつ。

【地図】ペンニャの丘西望洋山

【地図】ペンニャの丘西望洋山の ［★★★］
- ☐ 媽閣廟 A-Ma Temple 媽閣廟 ［世界遺産］

【地図】ペンニャの丘西望洋山の ［★★☆］
- ☐ 西望洋聖堂 Penha Church ペンニャ教会

【地図】ペンニャの丘西望洋山の ［★☆☆］
- ☐ 港務局大樓 Moorish Barracks 港務局事務所［世界遺産］
- ☐ 亞婆井前地 Lilau Square リラウ広場 ［世界遺産］
- ☐ 鄭家大屋上 Mandarin's House 鄭邸 ［世界遺産］
- ☐ 下環 Praia do Manduco 下環
- ☐ 聖奧斯定教堂 St. Augustine's Church 聖オーガスティン教会 ［世界遺産］
- ☐ 聖老楞佐教堂 St. Lawrence's church 聖ローレンス教会 ［世界遺産］

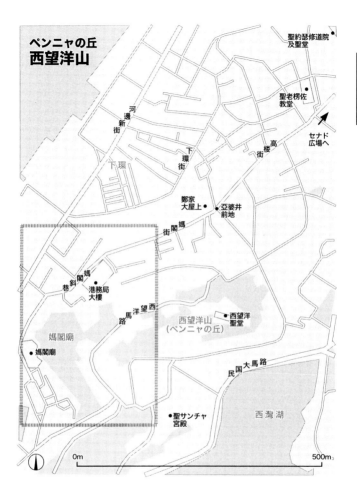

マカオ

ポルトガルに雇われたムーア人

ムーア人とは、地中海をはさんでポルトガルの対岸にあたる北アフリカのイスラム教徒のこと(ポルトガル側からの呼称)。インド洋をまたいで広く分布したポルトガルの植民地の治安維持のため、このムーア人が軍人や警官として雇われ、ゴアやマラッカ、マカオでは多くのムーア人が見られたという(人口の少ないポルトガルの植民地経営にあたった)。また19世紀以降、香港を獲得したイギリスは、その植民地であるインドから多くのシーク教徒やグルカ兵を傭兵にもちいることになった。

▲左 イスラム風の外観をもつ港務局大樓。 ▲右 丘のうえに立つ西望洋聖堂

西望洋聖堂サイモンヨンセントン
Penha Church ペンニャ教会 [★★☆]

マカオ半島南部の西望洋山（ペンニャの丘）に立つ西望洋聖堂。1622年、オランダによるマカオ攻撃を受けたポルトガル人によって「二度とこのような災いが起こらぬよう」といった願いをこめてこの教会が建てられた。海を守護するノートルダム・ド・フランスがまつられ、近くの媽閣廟と同じように航海の安全を祈る人々の信仰を集めてきた。現在の建物は20世紀になってから再建されたもので、この西望洋聖堂は毎年5月に行なわれる「ファティマの聖母」の行列がたどり

▲左 「静粛に」という注意書き、漢字は文字が意味をもつ。　▲右　西望洋山と亞婆井前地を結ぶ坂道

着く場所となっている(セナド広場近くの玫瑰堂から出発する)。また標高60mの丘からはマカオ・タワー、タイパ、広東省珠海などが視界に入る。

亞婆井前地アーポゥジェンチンデイ
Lilau Square リラウ広場 [世界遺産] [★☆☆]

1557年、マカオに上陸したポルトガル人が最初に住居を構えたのが亞婆井前地あたりだったとされる(海岸で密貿易をしていたポルトガル人は上陸に際して「船の積み荷が濡れたので、上陸して渇かしたい」という口実を使った)。ポルト

【MEMO】

ガル人がこの地を選んだのは、近くの西望洋山から湧き出る泉に注目したためで、リラウとはポルトガル語で「泉」を意味する。こうした由緒あるリラウの井戸の水を飲めば、「必ずマカオに戻ってくる」と言われる。現在はこぢんまりとした住宅地のなかの小さな公園になっている。

鄭家大屋上ジェンガァダイオッ
Mandarin's House 鄭邸 ［世界遺産］［★☆☆］

鄭家大屋上は、清末の実業家で思想家でもあった鄭観應の邸宅跡。1842年に生まれた鄭観應は、若いころイギリス人の

▲左　亞婆井前地で憩う人々、静かな午後。　▲右　街角で見られた落書き、中国とポルトガルが交錯する

もとで働いたが、のちに李鴻章に認められて上海で働くようになった（李鴻章のもと近代化が進められた）。鄭観應は、議会を通じて民意を反映する政治、民間の力を重視する経済など、皇帝の統治する清朝にあって先進的な考えかたをもち、「中国革命の父」孫文にも影響をあたえたという。この邸宅は1881年に鄭観應の父親によって建てられ、中国の建築様式を基本に西洋風の意匠がとり入れられている。

Guide,
St.Augustine's Square
崗頂前地
城市案内

聖奧斯定教堂、崗頂劇院、何東圖書館といった
美しい南欧風の建築が続く崗頂前地
ポルトガル領で育まれたキリスト教文化が息づく

下環ハァワン Praia do Manduco 下環 [★☆☆]

下環は、マカオ半島南西に位置するエリア。コロニアル建築が建つマカオ中心部から少し離れ、昔ながらの下町の情緒を感じられる。地元に暮らす中国人のための店舗がならび、軽食をとる人々、日用品の品定めをする人々など庶民の生活ぶりを見ることができる。

【地図】聖オーガスティン広場崗頂前地

【地図】聖オーガスティン広場崗頂前地の [★★★]
- [ ] 福隆新街 Rua de Felicidade 福隆新街

【地図】聖オーガスティン広場崗頂前地の [★★☆]
- [ ] 崗頂前地 St.Augustine's Square
  聖オーガスティン広場［世界遺産］

【地図】聖オーガスティン広場崗頂前地の [★☆☆]
- [ ] 聖奧斯定教堂 St. Augustine's Church
  聖オーガスティン教会［世界遺産］
- [ ] 崗頂劇院 Dom Pedro V Theatre
  ドン・ペドロ5世劇場［世界遺産］
- [ ] 何東圖書館 Sir Robert Ho Tung Library
  ロバート・ホー・トン図書館［世界遺産］
- [ ] 聖約瑟修道院及聖堂 St. Joseph's Seminary and Church
  聖ジョセフ修道院と聖堂［世界遺産］
- [ ] 聖老楞佐教堂 St. Lawrence's church
  聖ローレンス教会［世界遺産］
- [ ] 奧維士塑像 Jorge Alvares Monument
  ジョルジェ・アルバレス記念碑

聖オーガスティン広場
崗頂前地

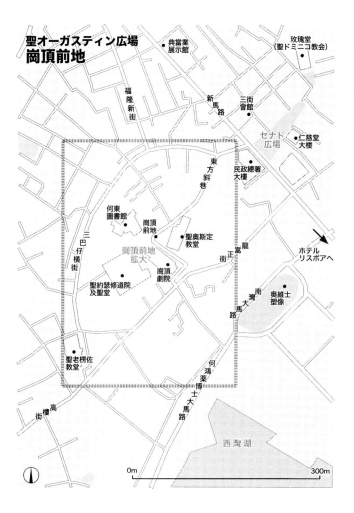

A-matemple

崗頂前地城市案内

【地図】聖オーガスティン広場崗頂前地拡大の ［★★☆］
- [ ] 崗頂前地 St.Augustine's Square
  聖オーガスティン広場［世界遺産］

【地図】聖オーガスティン広場崗頂前地拡大の ［★☆☆］
- [ ] 聖奧斯定教堂 St. Augustine's Church
  聖オーガスティン教会［世界遺産］
- [ ] 崗頂劇院 Dom Pedro V Theatre
  ドン・ペドロ5世劇場［世界遺産］
- [ ] 何東圖書館 Sir Robert Ho Tung Library
  ロバート・ホー・トン図書館［世界遺産］
- [ ] 聖約瑟修道院及聖堂 St. Joseph's Seminary and Church
  聖ジョセフ修道院と聖堂［世界遺産］

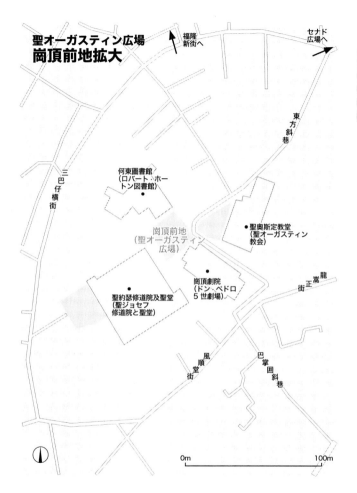

▲左　下環界隈の飲食店。　▲右　美しい石畳が敷かれている、崗頂前地にて

崗頂前地コンデンチンデイ St.Augustine's Square
聖オーガスティン広場［世界遺産］［★★☆］

西望洋山とセナド広場のあいだに位置する崗頂前地。石畳が敷き詰められた美しい広場で、周囲には聖奥斯定教堂、崗頂劇院、何東圖書館、聖約瑟修道院及聖堂など、世界遺産の西欧建築が集中している。

【MEMO】

マカオ

聖奥斯定教堂スィンオウシーティンガァウトォーン
St. Augustine's Church 聖オーガスティン教会 [世界遺産]
[★☆☆]

16世紀末、フィリピン経由でマカオに来たスペインの聖オーガスティン修道会によって建てられた聖奥斯定教堂。当初は木造の小さな建物に過ぎなかったが、やがてイエズス会の手に移り、この場所で再建されることになった。現在の教会は1874年に建立されたもので、あたりのコロニアル建築とともにマカオの美しい街並みを彩っている。1856年に聖フランシスコ教会から移設された特徴的な柱が教会内に立つ。

▲左　聖奥斯定教堂、現在の建物は19世紀のもの。　▲右　世界遺産の建物が集中する崗頂前地

パッソスの聖体行列

かつて聖奥斯定教堂に安置されていたキリスト像を大堂に移すことになった。そのとき、このキリスト像はいつの間にか、聖奥斯定教堂に戻ってきたため、それ以来、大堂と聖奥斯定教堂のあいだを十字架を背負ったキリスト像をかついで歩く「パッソスの聖体行列」が行なわれるようになった。毎年2月に開催されるこの行事は、マカオを代表するものとなっていて、多くのキリスト教徒が参加する。

マカオ

崗頂劇院コンデンゲッユン Dom Pedro V Theatre
ドン・ペドロ5世劇場 ［世界遺産］［★☆☆］

中国に暮らす西欧人が集まり、社交界、オペラやコンサートなどが催されていた崗頂劇院。1860年、マカオ・クラブによって創設され、当時のポルトガル王だったドン・ペドロ5世の名前がつけられている。1874年にマカオを直撃した台風で被害を受け、その後、改装されて現在にいたる。

▲左　山吹色の壁が印象的。　▲右　何東圖書館、成熟した市民文化が見られる

何東圖書館ホートントウシュウグンダイラウ Sir Robert Ho Tung Library ロバート・ホー・トン図書館［世界遺産］［★☆☆］

何東圖書館は、19世紀の香港、マカオで活躍した富豪ロバート・ホー・トンの別荘だったところで、世界遺産にも登録されている（アヘン商人から出発したジャーディン・マセソン商会で働いたのち、実業家として成功した）。もともとポルトガル人の別荘として19世紀に建てられたが、ロバート・ホー・トンが購入し、その死後、マカオ政府の管轄になり、1958年から図書館として開館した。ロバート・ホー・トンとカジノ王スタンレー・ホーは同族にあたる。

CHINA
マカオ

聖約瑟修道院及聖堂スィンヤッサッサウユンカッスィントン
St. Joseph's Seminary and Church
聖ジョセフ修道院と聖堂 ［世界遺産］［★☆☆］

威風堂々としたたたずまいを見せる聖約瑟修道院及聖堂。1728年、イエズス会に創設された修道院をはじまりとし、かつては聖ポール天主堂に準ずる格式があったという。この教会には、東アジアの布教にあたった「東洋の使徒」フランシスコ・ザビエルの右上腕骨が安置されていて、多くの人がザビエルへの祈りを捧げている。またドーム下の内部空間の反響がすばらしいことから、しばしばコンサートが行なわれている。

▲左　マカオ有数の格式を誇った聖約瑟修道院及聖堂。　▲右　教会内部に描かれた文様

フランシスコ・ザビエルとその右腕

ポルトガル人がマカオに定住できたのは、「フランシスコ・ザビエルの祈りによる」と語られることがある。リスボンからゴア、マラッカを経由して1549年に日本に到着したザビエルは、鹿児島から京都へのぼったものの布教はうまく行かず、日本に文化的な影響を与えている中国布教の必要性を感じて中国へ向かった。1552年、ザビエルは中国にたどり着く直前にマカオ近くの上川島で病死し、その遺体はゴアに送られた（ポルトガル人がマカオへの上陸を認められたのは1557年）。その後、ザビエルの右腕は日本に送られたが、日

CHINA
マカオ

本はすでに禁教令下にあり、マカオに移されることになった。聖ポール天主堂、聖安多尼教堂など保管場所を代えながら今にいたっている。このフランシスコ・ザビエルはイエズス会の一員としてアジア布教に貢献したことから「東洋の使徒」と呼ばれている。

聖老楞佐教堂スィンロウレンジョカウトン
St. Lawrence's church 聖ローレンス教会[世界遺産][★☆☆]
美しいステンドグラス、シャンデリアなどで教会内部が彩られた聖老楞佐教堂は、マカオでもっとも美しい教会のひとつ

▲左 堂々としたファザードをもつ聖老楞佐教堂。 ▲右 ローマ・カトリックの伝統が息づく

にあげられる。海を守護する聖ローレンスがまつられていることから、地元の船乗りたちの信仰を集め、そこから風信堂（または風順堂、よい風が吹くという意味）と呼ばれるようになった。またこの教会はマカオでもっとも古い歴史をもつ教会のひとつで、聖安多尼教堂、望徳堂と同時期の1569年ごろに建てられたと考えられる。当時は木造だったが、1846年にポルトガル人建築家のもと現在の姿となった。結婚式に使われることも多い。

マカオ

奥維士塑像オウワイシソチョン Jorge Alvares Monument
ジョルジェ・アルバレス記念碑 [★☆☆]

新馬路と南灣大馬路の交差点の南に立つ奥維士塑像（ジョルジェ・アルバレスの銅像）。ジョルジェ・アルバレスは1513年、中国に最初の一歩を踏み入れたポルトガル人で（マラッカ出発後、マカオ近郊に上陸した）、その後、40年以上たった1557年にポルトガルはマカオを獲得することができた。このような歴史からジョルジェ・アルバレスは、のちのマカオの繁栄につながる一歩を刻んだ人物として、ポルトガル人のあいだでたたえられることになった。

【MEMO】

CHINA
マカオ

Guide,
Rua de Felicidade
福隆新街
城市案内

中国広東省珠海とのあいだに位置する内港
ここは古くからマカオの港がおかれてきたところで
20世紀初頭の面影を残す街並みが残っている

福隆新街フッロンサンガイ
Rua de Felicidade 福隆新街 [★★★]

路地の両脇に赤色の格子窓をもつ2階建ての建物が続く福隆新街。19世紀末から20世紀なかごろまで、マカオ有数の歓楽街があったところで、アヘン窟や賭博場、売春宿がならんでいた。窓と戸口が赤にぬられていたことから、この通りは紅窓門街と呼ばれている(赤色の格子窓が復元されている)。

【地図】福隆新街の [★★★]
- ☐ 福隆新街 Rua de Felicidade 福隆新街

【地図】福隆新街の [★★☆]
- ☐ 十月初五日街 Rua de Cinco de Outubro 十月初五日街
- ☐ 内港（旧灣）Porto Interior 内港
- ☐ 崗頂前地 St.Augustine's Square
  聖オーガスティン広場 ［世界遺産］

【地図】福隆新街の [★☆☆]
- ☐ 康公廟 Hong Kung Miu 康公廟
- ☐ 司打口 Praca de Ponte e Horta 司打口
- ☐ 聖奥斯定教堂 St. Augustine's Church
  聖オーガスティン教会 ［世界遺産］
- ☐ 崗頂劇院 Dom Pedro V Theatre
  ドン・ペドロ5世劇場 ［世界遺産］
- ☐ 何東圖書館 Sir Robert Ho Tung Library
  ロバート・ホー・トン図書館 ［世界遺産］
- ☐ 聖約瑟修道院及聖堂 St. Joseph's Seminary and Church
  聖ジョセフ修道院と聖堂 ［世界遺産］

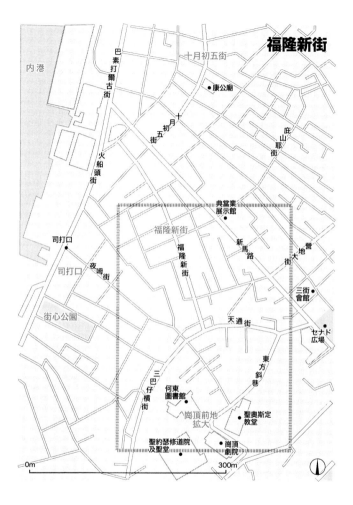

【MEMO】

CHINA
マカオ

【MEMO】

CHINA
マカオ

▲左　赤の窓枠が印象的な福隆新街。　▲右　こぢんまりとしたマカオの街角、街歩きが楽しい

からゆきさん

明治時代初期の貧しい農村の状況などから、日本から海外に売られた「からゆきさん（唐行き）」と呼ばれる女性たち。19世紀末から20世紀初頭にかけて香港灣仔で働く日本人女性の姿があったが、1935年以降、香港での規制が厳しくなるとマカオへ移ることになった（福隆新街では、そのような女性の姿が見られたという）。

【MEMO】

マカオ

十月初五日街サッユェッチョングヤットガイ
Rua de Cinco de Outubro 十月初五日街 [★★☆]

マカオ半島の西側を南北に走る十月初五日街。かつてマカオの玄関口は西の内港にあり、この通りのすぐ外側に海岸線が走っていた（そのため通りは曲線を描いている）。このあたりでは中国人が集住する華人街が形成され、物産の陸揚げ、その売買、運送などをになう中国人でにぎわっていたという（マカオでは1863年まで西欧人と中国人の居住地がわけられていた）。今でも十月初五日街には、「植民都市マカオ」とは異なる下町の風情が見られる。通りの名前は、ポルトガル本

▲左　古い時代のマカオの街並みを伝える十月初五日街界隈。　▲右　十月初五日街に立つ道教寺院、康公廟

国で起こった革命にちなむ。

康公廟ホングンミュウ Hong Kung Miu 康公廟　[★☆☆]

康公廟は、十月初五日街の街中に立つ道教寺院。古代中国の康公真君のほか、洪聖王や華佗など道教の神々がまつられている。1860年に建てられた歴史をもち、このあたりで暮らす中国人の信仰を集めてきた。

マカオ

内港（旧灣）ノイゴン Porto Interior 内港 ［★★☆］

マカオ半島と中国本土のあいだに位置する内港。ここはかつてマカオの波止場があったところで、古くはこちらがマカオの海の玄関口だった。主要な港が南海（香港側）に続く外港に移転したためさびれてしまったが、今でも残るふ頭などに当時の面影が見える。内港をはさんで対岸は中国広東省珠海市となっている。

司打口シダハゥ Praca de Ponte e Horta 司打口 ［★☆☆］

20世紀初頭、繁華街があり、港町のにぎわいを見せていた

▲左　かつてこちらがマカオの玄関口だった、内港にて　▲右　内港のカジノ、ホテルと一体になっている

司打口界隈。ここには税関がおかれ、役人が書類に判を押す様子から司打口という地名がつけられたという。現在は広場になっており、近くにはかつてのふ頭の名前（ポンテ）をとったカジノもある。

広東省珠海市の発展

マカオに隣接する中国広東省の珠海には、長いあいだ漁村がたたずむのどかな景色が広がっていた。ポルトガルの植民都市として発展してきたマカオ（1999年、中国に返還）、イギリスの植民都市として発展してきた香港（1997年、返還）

【地図】マカオと珠海

【地図】マカオと珠海の [★★★]
- [ ] 福隆新街 Rua de Felicidade 福隆新街

【地図】マカオと珠海の [★★☆]
- [ ] 内港（旧灣）Porto Interior 内港

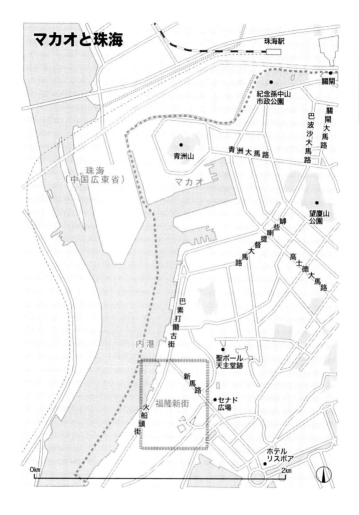

CHINA
マカオ

に対して、20世紀後半まで中国経済は遅れをとっていた。そのようななか1978年に鄧小平によって外資を呼び込むことで経済発展を進める改革開放が唱えられると、香港に隣接する深圳、マカオに隣接する珠海に経済特区がもうけられた。珠海には香港やマカオなどに拠点を構えていた企業が進出し、街は急速に発展するようになった。現在はマカオはじめ、珠江デルタの街々との一体化が進んでいる。

MESTRE DE MEDICINA CHINESA
CHANG SIO WENG
中醫師 曾兆榮
內傷科

CLÍNICA DR. CHANG - MEDICINA
OCIDENTAL E CHINESA
TEL: 28590441

胡椒とキリスト教徒求め

CHINA
マカオ

大西洋にのぞむ国土をもつポルトガル
大航海時代にインド洋を越え
マカオへ上陸するまでの歩み

ポルトガルの地理

ポルトガルは大西洋に突き出したイベリア半島のなかでも、海に面した領土をもち、西欧でもっとも西に位置する国にあげられる。内陸部は丘陵地となっていることから、都市は海岸地帯に集まっていて、海へ向かう風土が育まれた。古くローマ帝国の版図に含まれていたこの地域も、7世紀以降、イスラム帝国の拡大でイスラム世界の一部となっていた。このような状況からキリスト教徒は領土を奪回すべく、レコンキスタを行ない、その過程の1143年、ポルトガルは独立することになった。イスラムの統治を500年にわたって受けてきた

ため、スペインとポルトガルは他の西欧諸国とくらべて文化的にも人種的にもイスラム世界の影響を残すことになった。

大航海時代へ

中世、イスラム世界の天文学や地理学、航海術などの学問は世界最先端の水準にあり、スペインとポルトガルはその恩恵を受けて、海洋国家へと成長を遂げている。大航海時代は、ポルトガルがジブラルタル海峡を越え、対岸のセウタ（イスラム教徒の拠点）を攻略した1415年にはじまると言われる。その目的は、イスラム商人の仲介で手にしていた胡椒や香料

CHINA
マカオ

などのアジアの物産を「直接」獲得すること（紅海を通るルートはイスラム教徒に独占されていた）。そして、そのイスラム教徒を討つため、東方にいるという伝説のキリスト教徒プレスタージョンを探すことにあった。こうしてスペイン、ポルトガルの両国では、国家、商人、冒険者、宣教師が一丸となって航海に繰り出すことになった。

▲左　マカオは東方におけるキリスト教拠点だった。　▲右　南欧を思わせる街並みが続く

喜望峰を越える

当時の西欧人の認識では、アフリカは「暗黒の大陸」とされ、その南で世界は終わっている（ない）ものだと考えられていた。アフリカを南下するにあたって、西欧人にとっては過酷な灼熱の気候、疫病の恐怖、吹き荒れる嵐などが待ち受け、生きて帰ることは難しいと恐れられていた。やがて1488年、アフリカ大陸の南端がポルトガルに「発見」され、喜望峰を迂回してアジアへいたるルートが開拓されはじめた（当初、「嵐の岬」と呼ばれていたが、「喜望峰」に改名された）。

マカオ

インドへ到達

喜望峰からアフリカ東岸に到達したポルトガル人は、モンスーンを利用してインドにいたる航海路の存在を知った。1498年、バスコ・ダ・ガマにひきいられた船団は、インド人商人の案内のもと、インド西海岸のカリカットにたどり着いた。このインド航路の「発見」で、ポルトガルはイスラム商人を通さずに直接、アジアの物資を獲得できるようになった。当時、インド洋はイスラム商人による交易ネットワークのもと平和な海だったが、ポルトガルは略奪を繰り返すなど海賊的行為で拠点を獲得していった。1510年、アフォンソ・

A-matemple

胡椒とキリスト教徒求め

▲左　危険を覚悟で冒険に繰り出した大航海時代。　▲右　中国文明とキリスト文明がマカオで出合った

デ・アルブケルケはゴアを占領して拠点をつくり、ここがポルトガル・インド帝国の首都となった。

マラッカから中国へ

ポルトガル占領以前のマラッカは、インド洋と東アジアの海を結ぶ海上交易で繁栄をきわめる街だった。インドにたどり着いたポルトガルは、香料諸島と呼ばれたモルッカ諸島を目指して、さらに東方に進出し、1511年、マラッカを支配下においた。インド洋から東南アジアの海域を勢力下においたポルトガルが中国へ到達したのが1513年で、ジョルジェ・

CHINA
マカオ

アルバレスが華南地方(現在の屯門)に上陸し、その第一歩を記した。当時の中国は海禁策がとられていたため、ポルトガルは中国東南沿岸部で密貿易に従事しながら、自らの交易拠点を探し、1557年、海賊討伐の功がもとでマカオへの上陸を許された。モルッカ諸島と中国、マラッカという東アジアと東南アジアのあいだの交易をとりもつことで、ポルトガルは莫大な利益を得るようになっていた。

A-matemple

胡椒とキリスト教徒求め

参考文献

『マカオの歴史』(東光博英 / 大修館書店)

『媽祖と中国の民間信仰』(朱天順 / 平河出版社)

『中国の歴史 9 海と帝国』(上田信 / 講談社)

『興亡の世界史 15 東インド会社とアジアの海』(羽田正 / 講談社)

『マカオ都市史研究』(八木 祐三郎・妹尾悠次・是永美樹・木下光・高村雅彦 / 社団法人日本建築学会)

『世界大百科事典』(平凡社)

[PDF] マカオ空港案内 http://machigotopub.com/pdf/macauairport.pdf

まちごとパブリッシングの旅行ガイド
Machigoto INDIA , Machigoto ASIA , Machigoto CHINA

【北インド - まちごとインド】

001 はじめての北インド
002 はじめてのデリー
003 オールド・デリー
004 ニュー・デリー
005 南デリー
012 アーグラ
013 ファテープル・シークリー
014 バラナシ
015 サールナート
022 カージュラホ
032 アムリトサル

【西インド - まちごとインド】

001 はじめてのラジャスタン
002 ジャイプル
003 ジョードプル
004 ジャイサルメール
005 ウダイプル
006 アジメール(プシュカル)
007 ビカネール
008 シェカワティ
011 はじめてのマハラシュトラ
012 ムンバイ
013 プネー
014 アウランガバード
015 エローラ
016 アジャンタ
021 はじめてのグジャラート
022 アーメダバード
023 ヴァドダラー(チャンパネール)
024 ブジ(カッチ地方)

【東インド - まちごとインド】

002 コルカタ
012 ブッダガヤ

【南インド - まちごとインド】

001 はじめてのタミルナードゥ
002 チェンナイ
003 カーンチプラム
004 マハーバリプラム
005 タンジャヴール
006 クンバコナムとカーヴェリー・デルタ
007 ティルチラパッリ
008 マドゥライ
009 ラーメシュワラム
010 カニャークマリ
021 はじめてのケーララ
022 ティルヴァナンタプラム
023 バックウォーター(コッラム〜アラップーザ)
024 コーチ(コーチン)
025 トリシュール

【ネパール - まちごとアジア】

001 はじめてのカトマンズ
002 カトマンズ
003 スワヤンブナート

004 パタン
005 バクタプル
006 ポカラ
007 ルンビニ
008 チトワン国立公園

【バングラデシュ - まちごとアジア】

001 はじめてのバングラデシュ
002 ダッカ
003 バゲルハット（クルナ）
004 シュンドルボン
005 プティア
006 モハスタン（ボグラ）
007 パハルプール

【パキスタン - まちごとアジア】

002 フンザ
003 ギルギット（KKH）
004 ラホール
005 ハラッパ
006 ムルタン

【イラン - まちごとアジア】

001 はじめてのイラン
002 テヘラン
003 イスファハン
004 シーラーズ
005 ペルセポリス
006 パサルガダエ（ナグシェ・ロスタム）
007 ヤズド
008 チョガ・ザンビル（アフヴァーズ）
009 タブリーズ

010 アルダビール

【北京 - まちごとチャイナ】

001 はじめての北京
002 故宮（天安門広場）
003 胡同と旧皇城
004 天壇と旧崇文区
005 瑠璃廠と旧宣武区
006 王府井と市街東部
007 北京動物園と市街西部
008 頤和園と西山
009 盧溝橋と周口店
010 万里の長城と明十三陵

【天津 - まちごとチャイナ】

001 はじめての天津
002 天津市街
003 浜海新区と市街南部
004 薊県と清東陵

【上海 - まちごとチャイナ】

001 はじめての上海
002 浦東新区
003 外灘と南京東路
004 淮海路と市街西部
005 虹口と市街北部
006 上海郊外（龍華・七宝・松江・嘉定）
007 水郷地帯（朱家角・周荘・同里・甪直）

【河北省 - まちごとチャイナ】

001 はじめての河北省
002 石家荘
003 秦皇島
004 承徳
005 張家口
006 保定
007 邯鄲

【江蘇省 - まちごとチャイナ】

001 はじめての江蘇省
002 はじめての蘇州
003 蘇州旧城
004 蘇州郊外と開発区
005 無錫
006 揚州
007 鎮江
008 はじめての南京
009 南京旧城
010 南京紫金山と下関
011 雨花台と南京郊外・開発区
012 徐州

【浙江省 - まちごとチャイナ】

001 はじめての浙江省
002 はじめての杭州
003 西湖と山林杭州
004 杭州旧城と開発区
005 紹興
006 はじめての寧波
007 寧波旧城
008 寧波郊外と開発区
009 普陀山
010 天台山
011 温州

【福建省 - まちごとチャイナ】

001 はじめての福建省
002 はじめての福州
003 福州旧城
004 福州郊外と開発区
005 武夷山
006 泉州
007 厦門
008 客家土楼

【広東省 - まちごとチャイナ】

001 はじめての広東省
002 はじめての広州
003 広州古城
004 天河と広州郊外
005 深圳(深セン)
006 東莞
007 開平(江門)
008 韶関
009 はじめての潮汕
010 潮州
011 汕頭

【遼寧省 - まちごとチャイナ】

001 はじめての遼寧省
002 はじめての大連
003 大連市街
004 旅順
005 金州新区

006 はじめての瀋陽
007 瀋陽故宮と旧市街
008 瀋陽駅と市街地
009 北陵と瀋陽郊外
010 撫順

【重慶 - まちごとチャイナ】

001 はじめての重慶
002 重慶市街
003 三峡下り（重慶〜宜昌）
004 大足

【香港 - まちごとチャイナ】

001 はじめての香港
002 中環と香港島北岸
003 上環と香港島南岸
004 尖沙咀と九龍市街
005 九龍城と九龍郊外
006 新界
007 ランタオ島と島嶼部

【マカオ - まちごとチャイナ】

001 はじめてのマカオ
002 セナド広場とマカオ中心部
003 媽閣廟とマカオ半島南部
004 東望洋山とマカオ半島北部
005 新口岸とタイパ・コロアン

【Juo-Mujin（電子書籍のみ）】

Juo-Mujin 香港縦横無尽
Juo-Mujin 北京縦横無尽
Juo-Mujin 上海縦横無尽

【自力旅游中国 Tabisuru CHINA】

001 バスに揺られて「自力で長城」
002 バスに揺られて「自力で石家荘」
003 バスに揺られて「自力で承徳」
004 船に揺られて「自力で普陀山」
005 バスに揺られて「自力で天台山」
006 バスに揺られて「自力で秦皇島」
007 バスに揺られて「自力で張家口」
008 バスに揺られて「自力で邯鄲」
009 バスに揺られて「自力で保定」
010 バスに揺られて「自力で清東陵」
011 バスに揺られて「自力で潮州」
012 バスに揺られて「自力で汕頭」
013 バスに揺られて「自力で温州」

【車輪はつばさ】
南インドのアイラヴァテシュワラ寺院には建築本体に車輪がついていて寺院に乗った神さまが人びとの想いを運ぶと言います。

・本書はオンデマンド印刷で作成されています。
・本書の内容に関するご意見、お問い合わせは、発行元の
　まちごとパブリッシング info@machigotopub.com までお願いします。

まちごとチャイナ
マカオ003媽閣廟とマカオ半島南部
～マカオと植民都市の「はじまり」［モノクロノートブック版］

2017年11月14日　発行

著　者	「アジア城市（まち）案内」制作委員会
発行者	赤松　耕次
発行所	まちごとパブリッシング株式会社 〒181-0013　東京都三鷹市下連雀4-4-36 URL http://www.machigotopub.com/
発売元	株式会社デジタルパブリッシングサービス 〒162-0812　東京都新宿区西五軒町11-13 清水ビル3F
印刷・製本	株式会社デジタルパブリッシングサービス URL http://www.d-pub.co.jp/

MP115

ISBN978-4-86143-249-1 C0326　　　Printed in Japan
本書の無断複製複写（コピー）は、著作権法上での例外を除き、禁じられています。